AF455752

25 Avril 1881.

NOTICE

DE

LIVRES ANCIENS ET MODERNES

RELIÉS ET BROCHÉS

OUVRAGES A FIGURES

DÉPENDANT

DE LA

Succession de feu M. Jules JACQUEMART

DONT LA VENTE AURA LIEU

LE 25 AVRIL PROCHAIN, RUE DES BONS-ENFANTS, 28

Salle n° 1, au premier

A HUIT heures très précises du soir

Par le ministère
De Mᵉ CHARLES PILLET, commissaire-priseur, 10, rue Grange-Batelière

Assisté de M. L. TECHENER, libraire expert.

SE DISTRIBUE A PARIS

CHEZ LÉON TECHENER, LIBRAIRE

DE LA SOCIÉTÉ DES BIBLIOPHILES FRANÇAIS

52, Rue de l'Arbre-Sec, au premier, 52

1881

EN VENTE

A LA LIBRAIRIE HISTORIQUE ET CURIEUSE

DE

Léon TECHENER

Notice des principaux manuscrits et imprimés de l'Exposition de l'art ancien au Trocadéro, par le baron de Ruble. In-8, de 116 pages. — Prix............ 4 fr.

La Typographie en Touraine (1467-1830), par le comte L. Clément de Ris. In-8 de 114 p., br. (tiré à petit nombre). — Prix........................... 4 fr.

Notice des publications faites par la *SOCIÉTÉ DES BIBLIOPHILES FRANÇOIS*.

Bulletin du Bibliophile et du Bibliothécaire. Revue mensuelle d'histoire littéraire, de bibliographie, de biographie et d'histoire, contenant des notices, dec articles, des communications et des travaux qu'on chercherait en vain ailleurs; le tout rédigé par des savants, des bibliophiles et des écrivains spéciaux.

Abonnements :

Pour Paris, 12 fr. — Pour la Province, 14 fr. — Pour l'Etranger, 16 fr.

NOTA. Chaque année terminée forme, avec un titre et une table délivrés avec la dernière livraison aux souscripteurs, un beau vol. de 600 pages, dont le prix est de 15 fr.

La seconde période, de 1865-1879, forme 12 vol.

Strozzi. La Partie de chasse, par Hercule Strozzi, poème dédié à la divine Lucrèce Borgia, duchesse de Ferrare, traduit du latin en vers français et précédé d'une notice par M. Joseph Lavallée. Deux parties en un vol. petit in-8, papier de Hollande, tiré à petit nombre. Jolie publication. Prix........................... 12 fr.

Meaume. Sébastien Le Clerc et son œuvre (1637-1714), un volume grand in-8, papier vergé, tiré à 220 exempl. Prix.................................. 18 fr.

Sabran. Correspondance inédite de la comtesse de Sabran, du chevalier de Boufflers (1778-1788), recueillie et publiée par E. de Magnieu et Henri Prat. Beau volume in-8, enrichi d'un portrait de Sabran, gravé à l'eau-forte par Rajon, d'après une peinture de Mme Vigée-Lebrun. Prix........................... 8 fr.

Les Souvenirs d'un homme de lettres, recueillis des papiers de feu M. A. Jal; un gros vol. in-12, de 570 pages, br.. 5 fr.

Romans de la Table ronde, publ. d'après les originaux, par Paulin Paris; cinq volumes avec dix gravures, in-12. Prix : ... 30 fr.
Papier de Hollande... 15 fr.

Correspondance inédite de la comtesse de Sabran et du chevalier de Boufflers (1778-1788), recueillie et publiée par E. de Magnieu et Henri Prat. Beau vol. in-8 caval., orné d'un portrait de Mme de Sabran, gravé à l'eau-forte par Rajon, d'après une peinture de Mme Vigée-Lebrun. Prix : ... 8 fr.

De l'Éducation des filles, par Fénelon, suivi de ses Dialogues sur l'éloquence et de sa Lettre à l'Académie française, avec une introduction par M. Silvestre de Sacy, de l'Académie française. 1 vol. in-12... 6 fr.
Grand papier de Hollande (15 fr. le vol.)... 30 fr.

Pensées sur divers sujets de religion et de morale, par Bourdaloue, précédées d'une introduction par M. Silvestre de Sacy, de l'Académie française. 2 vol. in-12, brochés... 12 fr.
Grand papier de Hollande (15 fr. le vol.)... 30 fr.

Élévations a Dieu sur tous les mystères de la religion chrétienne, par Bossuet, revues et précédées d'une introduction par M. Silvestre de Sacy, de l'Académie française. 2 vol. in-12, brochés... 12 fr.
Grand papier de Hollande (15 fr. le vol.)... 30 fr.

Brief et vray récit de la prinse de Terouane et Hédin, avec la bataille faite à Renty (1553-1554), par Jacques-Basilic Marchet, seigneur de Samos; en latin et en français, suivant les éditions d'Anvers (1555). Les deux pièces réunies en un vol. petit in-8, papier vergé. Prix : ... 12 fr.

Les Funérailles célébrées a Paris, le 24 avril 1498, pour l'enterrement du corps du bon roy Charles huytième, avec son épitaphe et la piteuse complainte de Dame Chrestienté (réimpression annotée par M. Francklin sur le seul exemplaire connu de la bibliothèque Mazarine). Petit in-8, papier vergé. Prix : . 6 fr.

Nota. — Ces deux volumes forment le commencement d'une Collection de pièces fugitives pour servir à l'histoire de France; ils sont bien imprimés, tirés à petit nombre et avec des notices préliminaires.

BULLETIN DU BIBLIOPHILE ET DU BIBLIOTHÉCAIRE (année 1880). Abonnements : 12 fr. par an; pour les départements... 14 fr.
— L'année terminée, le prix des exemplaires restant est porté à... 15 fr.

[illegible] Imprimerie Durand frères

NOTICE

DE

LIVRES ANCIENS ET MODERNES

ORDRE DE LA VENTE

PREMIÈRE VACATION	DEUXIÈME VACATION
Le Lundi 25 Avril	*Le Mardi 26 Avril*
Nos 263 à 321	Nos 1 à 139
223 à 262	186 à 222
140 à 175	176 à 185

CONDITIONS DE LA VENTE

1° Il y aura, chaque jour de vente, de deux heures à quatre, exposition des livres composant la vacation.

2° Les livres vendus devront être collationnés sur place dans les vingt-quatre heures de l'adjudication. Passé ce délai, ou une fois sortis de la salle de vente, ils ne seront repris pour aucune cause.

3° Les acquéreurs paieront, en sus du prix d'adjudication, cinq centimes par franc, applicables aux frais.

NOTA. — M. LÉON TECHENER, libraire chargé de la vente, remplira les commissions des personnes qui ne pourront y assister.

Chartres. — Imprimerie Durand frères.

NOTICE

DE

LIVRES ANCIENS ET MODERNES

RELIÉS ET BROCHÉS

OUVRAGES A FIGURES

DÉPENDANT

DE LA

Succession de feu M. Jules JACQUEMART

DONT LA VENTE AURA LIEU

LE 25 AVRIL PROCHAIN, RUE DES BONS-ENFANTS, 28

Salle n° 1, au premier

A HUIT heures très précises du soir

Par le ministère
De Mᵉ CHARLES PILLET, commissaire-priseur, 10, rue Grange-Batelière

Assisté de M. L. TECHENER, libraire expert.

SE DISTRIBUE A PARIS

CHEZ LÉON TECHENER, LIBRAIRE

DE LA SOCIÉTÉ DES BIBLIOPHILES FRANÇAIS

52, Rue de l'Arbre-Sec, au premier, 52

1881

NOTICE

DE

LIVRES ANCIENS ET MODERNES

PROVENANT

DE LA

Succession Jules JACQUEMART

1. Imitation de Jésus-Christ, traduite du latin par Michel de Marillac ; édition nouvelle, revue et corrigée par M. S. de Sacy. *Paris, Techener,* 1860 ; in-16, br.

2. L'imitation de Jésus-Christ, traduction de Michel de Marillac, précédée d'une préface par Louis Veuillot. *Paris, Glady frères,* 1876 ; 1 vol. in-8, br. Fig. et illustrations.

   Exempl. en grand papier avec envoi des éditeurs (Glady frères).

3. L'imitation de Jésus-Christ, traduite et paraphrasée en vers français, par P. Corneille, nouvelle édition, par Alex. de Saint-Albin. *Paris,* 1857 ; in-12, br.

4. De la vérité de la religion chrétienne, par Philippe de Mornay. *Paris,* 1585 ; in-8, parch.

5. Encyclopédie du droit, ou répertoire raisonné de législation et de jurisprudence. *Paris, Paul Mellier,* 1842-1847 ; 6 vol. et 2 livraisons, gr. in-8, br.

6. Essais de Michel de Montaigne, avec des notes de tous les commentateurs. *Paris, Lefebvre,* 1834 ; gr. in-8, br., port.

7. Les Pensées, les Provinciales, par Bl. Pascal, sui-

vies d'une table analytique. *Paris,* 1828 ; 2 vol. in-8, br.

---

8. Encyclopédie moderne, ou dictionnaire abrégé des sciences, des lettres et des arts, avec l'indication des ouvrages où les divers sujets sont développés et approfondis, par M. Courtin, ancien magistrat, et par une société de gens de lettres. *Paris,* 1823-1832 ; 26 vol. gr. in-8 et in-8, demi-rel. v. f., fil. (2 vol. gr. in-8 pour les planches).

9. Lettres sur les révolutions du globe, par Alexandre Bertrand, cinquième édition, enrichie de nouvelles notes par MM. Arago, Elie de Beaumont, Al. Bagniard, etc. *Paris,* 1839 ; in-8, br.

10. Cours élémentaire de physique, par M. Deguin. *Paris,* 1846 ; 2 vol. in-8, br.

11. Cours de chimie générale, par J. Pelouze et E. Frémy (ouvrage accompagné d'un atlas de 46 planches gravées en taille-douce). *Paris,* Victor Masson, 1848-1850 ; 4 vol. in-8, demi-mar. noir.

12. L'art du blanchissement des toiles, fils et cotons de tout genre ; par Pajot-des-Charmes. *Paris,* an VIII ; 1 vol. in-8, avec neuf planches qui se déploient, v. m.

13. Divers : Cours élémentaire de chimie par Regnault, 4 vol. — Morceaux extr. de Pline, 1 vol. — Eléments d'économie politique par Garnier, 1 vol. — Suétone, 1 vol., etc. 10 vol. in-12, br.

14. Rapport de M. Dusommerard sur l'histoire du travail à l'exposition universelle de 1867, 1 vol. in-12, relié et une brochure.

15. L'instruction gratuite et obligatoire depuis le xvie siècle, par J. Houdoy. *Lille,* 1873 ; gd in-8, br.

Exempl. sur papier vergé avec un envoi d'auteur.

16. OEuvres de Buffon et Lacépède. *Paris,* Pillot, 1829-1832 ; 42 vol. in-8, br. avec une suite de gravures.

17. Dictionnaire pittoresque d'histoire naturelle et des phénomènes de la nature, rédigé par une société de naturalistes sous la direction de M. Guérin. *Paris,* 1839 ; 9 vol. gd in-8, à deux colonnes, br.

18. Annales d'anatomie et de physiologie, appliquées à la médecine et à l'histoire naturelle, par MM. Laurent (de Toulon), A. Bazin (de Basseneville), avec des planches dessinées par M. A. Jacquemart. *Paris, F.-G. Levrault,* (s. d.) ; in-8, 400 p., pl. nombreuses, demi-v.

19. The races of man, by Charles Pickering. *London,* 1854, in-12, cart. en toile, non rogné. Onze figures coloriées.

20. LE JARDIN DU MUSÉUM ou iconographie de toutes les espèces et variétés d'arbres fruitiers cultivés dans cet établissement avec leur description, leur histoire, etc., par J. Decaisne. *Paris, Firmin Didot,* 1870 ; très grand in-4 en livraisons.

Magnifique publication dont l'exécution est remarquable. Nous avons 120 livraisons (formant neuf volumes). Chaque livraison contient quatre planches imprimées en couleur, plus un fascicule contenant les titres, les feuilles de texte complémentaire, etc. EXEMPLAIRE COMPLET avec toutes les planches coloriées.

21. Eléments de tératologie végétale, ou histoire abrégée des anomalies de l'organisation dans les végétaux, par M. A. Moquin-Tandon. *Paris, P.-J. Loss,* 1841 ; 1 vol. in-8, br.

22. Souvenirs d'un voyage dans l'Inde, exécuté de 1834 à 1839, par M. Adolphe Delessert. *Paris,* 1843 ; gr. in-8, 98 p., 35 pl., demi-bas.

Bel exemplaire avec les planches d'histoire naturelle coloriées.

23. Leçons de Botanique comprenant principalement la morphologie végétale, la terminologie, la bota-

nique comparée, l'examen de la valeur des caractères dans les diverses familles naturelles, etc., par Aug. de Saint-Hilaire. *Paris,* 1840; gr. in-8, 930 p., avec 24 pl., rel. v.

24. Cours élémentaire d'histoire naturelle; botanique, par M. A. de Jussieu; zoologie, par M. Milne-Edwards. *Paris,* 1845; 2 vol. in-12, br.

25. Recherches expérimentales sur la végétation (L'azote de l'air peut-il servir à la nutrition des plantes?...) par Georges Ville. *Paris, Victor Masson,* 1853; gr. in-4, pl. cart., papier vélin. Tiré à petit nombre et épuisé.

26. Livres divers sur l'entomologie. 10 vol. et brochures.

27. Histoire naturelle des drogues simples par Guibourt. *Paris, J.-B. Baillière,* 1850; 4 vol. in-8, br. (fatigué).

28. Bulletin de la Société d'OEnologie française et étrangère, pour l'amélioration des produits de la vigne, et l'encouragement du commerce des vins. *Paris, v^e Huzard,* 1835-1836; 2 tomes en 1 vol. gr. in-8, demi-rel. v., front. et 2 pl.

29. Catalogue synonymique des coléoptères d'Europe et d'Algérie, par J.-B. Gaubil. *Paris,* 1849; in-8, 296 p., demi-rel. v.

Exempl. à doubles pages pour des annotations qui ont été commencées.

30. Champfleury : Les chats, histoire, mœurs, observations, anecdotes, illustré de 52 dessins par Eug. Delacroix, Viollet-le-Duc, Mérimée, Manet, Prisse d'Avernes, Ribot, Kreutzberger, Mind, Ok'Sai, etc. *Paris,* 1869; in-12 br., 287 p.

Exempl. avec un envoi d'auteur

31. Nouveaux élémens de minéralogie, ou manuel du minéralogiste voyageur, contenant des notions

élémentaires, la description de toutes les espèces minérales connues, avec leurs principaux usages, etc., par C. Brard. *Paris,* 1824; in-8 de 686 p. avec une pl., demi-rel. v.

BEAUX-ARTS

32. (De l'Encyclopédie méthodique). Beaux-arts, dédiés et présentés à M. Vidaud de la Tour, conseiller d'Etat. *Paris, Panckoucke,* 1788; 3 vol. in-4, demi-rel. bas.

Deux vol. pour le texte, un vol. pour les planches.

33. Dictionnaire de l'Académie des beaux-arts, publié par l'Institut. *Paris,* 1858 à 1872, en cours de publication.

Nous avons les tomes 1 et 2 complets et du troisième les fascicules 1er publié en 1869 et 2e publié en 1872.

34. Histoire de l'art chez les anciens, par M. Winckelmann, traduite de l'allemand par M. Huber. *Paris,* 1789; 3 vol. — Remarques sur l'architecture des anciens, par le même. *Paris,* 1783; 1 vol. — Recueil des différentes pièces sur les arts, par le même. 1786; 1 vol. — Recueil de lettres de M. Vinckelmann sur les découvertes faites à Herculanum, à Pompeii, à Statua, à Caserte et à Rome, avec des notes critiques. *Paris,* 1784; 1 vol. Ens. 6 vol. in-8, br., fig.

35. Manuel de l'histoire de l'art chez les anciens, catalogue des artistes de l'antiquité jusqu'à la fin du VIe siècle de notre ère, par le comte de Clarac. *Paris, J. Renouard,* 1847; 3 vol. in-12, deux brochés et un en demi-rel. chag. noir.

Le catalogue des artistes est relié.

36. Le manuel des artistes et des amateurs, ou dictionnaire historique et mythologique des emblèmes,

allégories, etc. *Paris, J.-P. Costard,* 1770 ; 4 vol. in-12, veau.

37. Manuel des jeunes artistes et amateurs en peinture, par M. P.-L. Bouvier. *Paris,* 1827 ; in-8, 640 p., demi-bas., 7 planches.

38. Dictionnaire portatif des beaux-arts, avec la définition de ces arts, l'explication des termes, etc., par M. Lacombe. *Paris,* 1753 ; in-12, 760 pages, veau.

39. Poétique des arts, ou cours de peinture et de littérature comparées (par J.-F. Sobry). *Paris,* 1810 ; in-8, v. marb., dent. — De l'art de lire dans les beaux-arts, trad. de l'italien de Milizia par le général Pomereul. *Paris, an VII ;* in-8, demi-rel. — Les règles du dessin et du lavis, par Buchotte, ingénieur du roi. 1754 ; in-8, avec 24 pl., v. m.

40. Dictionnaire abrégé de peinture et d'architecture, par l'abbé de Marsy. *Paris,* 1746 ; 2 vol. in-12, v. m.

Cet ouvrage contient plus particulièrement l'histoire des peintres français, des secrets pour la couleur et la peinture sur verre.

41. Traicté des manières de graver en taille-douce sur l'airain, par le moyen des eaux-fortes et des verniz durs et mols ; ensemble de la façon d'en imprimer les planches, etc., par Abraham Bosse. *Paris, chez ledit Bosse,* 1645 ; in-8, v. fauve.

Première et rare édition ; elle est recherchée à cause des figures, au nombre de 19, dont 16 numérotées et de 3 frontispices et titres.

42. Histoire de la gravure dans l'école de Rubens, par Henry Hymans. *Bruxelles, Olivier,* 1879 ; in-8 br., cinq fac-simile héliographiques.

Avec un envoi de l'auteur.

43. L'œuvre gravé de Rembrandt, étude monographique, par Francis-Seymour Haden. *Paris, Gazette des Beaux-Arts,* 1880 ; 1 vol. gr. in-8, 31 p., br.

44. Les collectionneurs de l'ancienne France, notes d'un amateur, par Edmond Bonnaffé. *Paris,* 1873; in-12, 114 p., sur papier de Holl., br.

45. Inventaire des meubles de Catherine de Médicis en 1589; mobilier, tableaux, objets d'art, manuscrits, par Edmond Bonnaffé. *Paris, A. Aubry,* 1874; in-8, br., port., pap. de Hollande.

Avec un envoi d'auteur.

46. Les amateurs d'autrefois, par L. Clément de Ris. *Paris,* 1877; 1 vol. gr. in-8, br., huit port. gravés à l'eau-forte.

Avec un envoi d'auteur.

47. Causeries sur l'art et la curiosité, par Edmond Bonaffé. *Paris, Quantin,* 1878; 1 vol. gr. in-8, cart., non rogné.

Exemplaire sur papier de Hollande. Cette piquante et spirituelle publication est ornée d'un frontispice de Jules Jacquemart.

48. La collection de M. Camille Marcille, par Georges Duplessis (extrait de la *Gazette des Beaux-Arts*). *Paris,* 1876; gr. in-8, br., 23 p., vign. et 7 pl. gravées.

49. (Description des statues antiques du musée du Louvre.) Un vol. in-8, demi-rel., v. vert.

Ce vol. forme le *tome troisième* de l'ouvrage du comte de Clarac.

50. Catalogue des collections composant le musée d'artillerie, par O. Penguilly l'Haridon, officier supérieur d'artillerie, conservateur du musée d'artillerie. *Paris,* 1864; petit in-8 de 1,004 p., br.

51. Catalogue général et raisonné des camées et pierres gravées de la bibliothèque impériale, suivi de la description des autres monuments exposés dans le cabinet des antiques, publié sous les auspices de S. Exc. le Ministre de l'instruction publique et des cultes, par M. Chabouillet. *Paris* (s. d.); in-12, 634 p., br.

52. Catalogue des tableaux de la galerie impériale et royale de Vienne, composé par Chrétien de Mechel d'après l'arrangement qu'il a fait de cette galerie en 1781, par ordre de S. M. l'Empereur. *Basle,* 1784; 1 vol. in-8 de xxx, 384 pages, un errata, quatre planches qui se déploient et plusieurs vignettes, demi-rel., v. (rare).

53. Catalogue raisonné des bijoux, porcelaines, bronzes, lacqs, lustres de cristal de roche et de porcelaine, pendules de goût, et autres meubles curieux ou composés, tableaux, dessins, estampes, coquilles, et autres effets de curiosité, provenans de la succession de M. Angran, vicomte de Fonspertuis (cette vente se fera, seulement pour la partie des bijoux, dans les premiers jours du mois de décembre 1747, etc.), par E.-F. Gersaint. *Paris,* 1747; in-12, demi-bas., frontisp. avec annotations manuscrites indiquant les prix de vente.

54. Catalogue raisonné des différens objets de curiosité dans les sciences et arts, qui composaient le cabinet de feu M. Mariette, contrôleur général de la grande chancellerie de France, honoraire amateur de l'académie royale de peinture et de celle de Florence, par F. Basan, graveur. A *Paris,* 1775; in-8, d. v. jaspé, frontisp. de Cochin gr. par Choffard, 4 pl.

Avec les prix de vente manuscrits.

55. Catalogue des marbres, bronzes, agathes, porcelaines anciennes, modernes, nouvelles du Japon et de la Chine, d'effets d'anciens laques, meubles de Boule, etc., dont la vente, après décès de la dame épouse du sieur Julliot, se fera le jeudi 20 novembre 1777, rue Saint-Honoré, en la grand'salle de l'hôtel d'Aligre. *Paris,* 1777; in-12, veau marbré, fil. (avec annotations et prix de vente manuscrits).

56. Description des antiquités et objets d'art qui composent le cabinet de feu M. le chevalier E. Durand,

par J. de Witte, membre de l'Institut archéologique de Rome. *Paris, Firmin Didot,* 1836; gr. in-8 de 544 p., avec 5 pl., br.

57. Catalogue des objets d'art de la collection Debeuge-Duménil. 1849, gr. in-8.

58. Collection de M. Roux, de Tours (objets d'art, faïences). 1868; gr. in-8.

Nombreuses notes de M. Albert Jacquemart.

59. Collections de San Donato. Objets d'art. — Catalogue illustré. *Paris,* 1870; gr. in-8, br., pl. et illustrations (16 pl.).

60. Catalogue de tableaux des principaux maîtres des écoles anciennes hollandaise, flamande et française, et de l'école moderne, composant la précieuse collection de feu M. R. Papin. *Paris,* 1873; in-8, 60 p., br.

Exemplaire en grand papier, avec fig. des principaux tableaux.

61. Catalogue de tableaux de premier ordre, anciens et modernes, composant la galerie de M. le marquis de La Rocheb... *Paris,* 1873; in-8, broché, 189 p.

Exemplaire en grand papier, avec les eaux-fortes pour les principaux tableaux.

62. Atelier de Fortuny, notices par Edouard de Beaumont, baron Davillier, A. Dupont-Auberville. Catalogue de la vente, 1875; in-8, br.

63. Description des médailles chinoises du cabinet impérial de France, précédée d'un essai de numismatique chinoise, avec des éclaircissements sur le commerce des Grecs avec la Chine, et sur les vases précieux qu'on y trouve encore, par J. Hager. *Paris, imprimerie impériale,* 1805; gr. in-4, cart., sur papier fort, 188 p., nombreux monogrammes.

64. Œuvres complètes de Benvenuto Cellini, orfèvre

et sculpteur florentin, traduites par Léopold Leclanché. *Paris, Paulin,* 1847 ; 2 vol. in-12, br.

65. OEuvres complètes de Bernard Palissy, édition conforme aux textes originaux imprimés du vivant de l'auteur, avec des notes et une notice historique par Paul-Antoine Cap. *Paris, J.-J. Dubochet et Cie*, 1844 ; in-12, br., 437 p.

66. Notice des émaux, bijoux et objets divers, exposés dans les galeries du musée du Louvre, par M. de Laborde. — 1re partie : Histoire et description. — 2e partie : Documents et glossaire. *Paris,* 1853 ; 2 forts vol. in-8, br.

Deuxième exemplaire de la première partie, sur papier de Hollande et portant un envoi de l'auteur.

67. Musée de la Renaissance (du Louvre), notice des faïences peintes italiennes, hispano-moresques et françaises, et des terres cuites émaillées italiennes, par Alfred Darcel. *Paris,* 1864 ; gr. in-8, 408 p., demi-rel., mar. vert, non rogné.

Avec un envoi d'auteur.

68. Les émaux cloisonnés anciens et modernes, par Philippe Burty. *Paris* (s. d.); petit in-8, 70 p., br., avec vignettes et une planche.

Envoi d'auteur daté de 1868.

69. Les émaux cloisonnés anciens et modernes, par Philippe Burty. *Paris,* 1868 ; in-12, br., papier vergé, figures en couleur. *(Envoi de l'auteur.)*

70. Memorie degli intagliatori moderni in pietre dure, cammei, e gioje dal secolo XV, fino al secolo XVIII. *In Livorno,* 1753 ; in-4, 174 ffts, cart.

71. Histoire générale du costume civil, religieux et militaire du IVe au XIXe siècle (315-1815), par Raphaël Jacquemin. *Paris* (s. d.); gr. in-4, br., tome Ier.

72. Verreries à la façon de Venise. La fabrication fla-

mande d'après des documents inédits, par J. Houdoy. *Paris, Lille,* 1873; gr. in-8, br.

Ex. sur papier de Holl., avec un envoi d'auteur.

73. Histoire de la dentelle, par Madame Bury-Palliser, traduit par Madame la comtesse de Clermont-Tonnerre. *Paris, Firmin Didot* (s. d.); gr. in-8, 410 p., port., vign. et pl. *Avec un envoi d'auteur.*

74. Recherches sur le commerce, la fabrication et l'usage des étoffes de soie, d'or et d'argent, et autres tissus précieux en Occident, principalement en France, pendant le moyen âge (dédié à M. Yéméniz), par Francisque Michel. *Paris,* 1852; 2 vol. pet. in-4, papier vergé de Hollande, br.

Publication faite avec soin et supérieurement exécutée dans l'imprimerie Crapelet, imprimée à petit nombre.

75. Les monogrammes historiques, d'après les monuments originaux, par Aglaüs Bouvenne. *Paris,* 1870; petit in-12, pap. de Hollande, 188 p., br. (avec un envoi d'auteur).

76. Paysages, collection de 20 feuilles par Perelle et autres in-4 oblong.

77. Etching et Etchers by Philip Gilbert Hamerton. *London,* 1868; 1 vol. gr. in-8, cart., en toile, tr. dor.

Belle publication anglaise, nombreuses illustrations.

78. Die Graphischen Künste. *Wien,* 1879-80; deux livraisons gr. in-4°, avec figures à l'eau-forte.

79. Musée du Louvre, livrets et catalogues, expositions particulières d'objets d'art, notice du South Kensingthon Museum, etc. 40 vol. et brochures.

80. Livrets du salon : explication des ouvrages de peinture, sculpture, architecture, gravure, des artistes vivant de 1853 à 1879. In-12 br., lacunes.

81. Collections de M. le baron Vivant-Denon (ta-

bleaux, dessins et miniatures. — Monuments antiques, historiques, modernes, ouvrages orientaux. — Estampes et ouvrages à figures). *Paris,* 1826 ; 3 vol. in-8, br.

L'excellente rédaction de ces catalogues d'objets d'art et de curiosité les fait rechercher, mais ils sont devenus rares.

82. Catalogues de ventes d'objets d'art, de tableaux, de porcelaines, d'antiquités provenant de collections particulières : Daigremont, Louis Fould, Allègre, Louirette, Henri Olin, Rhoné, Pourtalès, Saucède, de Saint-Seine, etc. 20 vol. et brochures.

83. Un lot de brochures comprenant des livrets de musées, des prospectus d'objets d'art, des listes de récompenses aux expositions, etc.

84. Brochures diverses sur les arts, l'archéologie, la numismatique, les monuments, etc.; 60 brochures.

85. Sur les beaux-arts, l'architecture et l'antiquité ; 30 brochures in-8 par divers auteurs.

86. Ventes d'objets d'art, de curiosités, d'estampes, de dessins et de tableaux provenant de collections particulières ; 50 catalogues.

87. L'art de peinture de A. du Fresnoy trad. en français. *Paris,* 1684 ; in-12 vélin, avec 30 figures de Sébast. Leclerc. — Histoire des arts qui ont rapport au dessin, par P. Monier, peinture Roi. *Paris,* 1698 ; 1 vol. in-12 avec frontr. gravé d'après un dessin de Monier lui-même.

88. Ouvrages sur la peinture. 4 vol. in-12, reliés.

Les beaux-arts réduits à un même principe (par l'abbé Batteux), 1746 ; front. d'Eisen. — Essai sur la peinture et sur l'Académie de France établie à Rome par Algarotti. 1769. — Bibliothèque de peinture, sculpture et de gravure par Christ. Théoph. de Murr. *Francfort,* 1770 ; 2 vol.

89. Des couleurs symboliques dans l'antiquité, le moyen-âge et les temps modernes, par Frédéric Portal. *Paris, Treuttel et Würtz,* 1837 ; in-8, br.

90. Monuments anciens et modernes publiés sous la

direction de M. Jules Gailhabaud. *Paris, Firmin Didot;* 54 livraisons, gr. in-4.

91. Gazette archéologique, recueil de monuments pour servir à l'histoire de l'art antique, publié par les soins de J. de Witte et François Lenormant. *Paris, Lévy,* 1875 à 1879 ; in-4 en feuilles.

Avec planches gravées sous la direction de M. De la Guillermie. Années incomplètes.

92. Le cabinet de l'amateur et de l'antiquaire (publié par Eug. Piot). *Paris,* 1842 ; un vol. gr. in-8, fig., br.

Première année, rare ; on remarque des articles de Théophile Gautier, Jules Janin, Emeric David, A. de Longpérier, etc.

93. La revue internationale de l'art et de la curiosité, recueil mensuel rédigé par M. A. Michiels, Edm. et Jules de Goncourt, René Mesnard, Grangedor, Alfred Sensier, Terigny, Henri Fouquier, Claudius Popelin, etc. 1869 ; gr. in-8.

Seule année parue comprenant douze livraisons.

94. Revue des beaux-arts publié sous la direction de M. Félix Pigeory. *Paris,* du premier numéro de 1850 jusqu'au premier janvier 1856. — Suite complète en livraisons.

95. La Gazette des beaux-arts. Gr. in-8, fig., en livraisons brochées.

Collection complète depuis le prospectus spécimen et le premier numéro de l'année 1859 jusqu'au premier décembre 1880, et avec toutes les figures.

93. L'Art. *Paris,* gr. in-4 (depuis le premier numéro de 1875 jusqu'à la fin de décembre 1880, sans lacune), en livraisons. Suite complète.

97. La Vie moderne (depuis le numéro 1, 1879, jusqu'au 2 octobre 1880). Suite complète (sauf le numéro 28 de 1879).

98. Etude des passions appliquées aux beaux-arts, par J.-B. Delestre. *Paris, Joubert,* 1833; 1 vol. in-8, br.

99. Théorie du paysage, ou considérations générales sur les beautés de la nature que l'art peut imiter, par J.-B. Deperthes. *Paris,* 1818 ; in-8, demi-bas.

100. Idée de la perfection de la peinture... par Roland Freart, sieur de Chambray. *Au Mans,* 1662 ; in-4, vélin. — Manuscrit.

101. Histoire de la peinture au moyen âge, suivie de l'histoire de la gravure, du discours sur l'influence des arts du dessin, et du musée olympique, par T.-B. Eméric-David, avec une notice sur l'auteur, par P.-L. Jacob (bibliophile). *Paris, Ch. Gosselin,* 1842; in-12 br., 318 p.

102. La beauté des femmes, dans la littérature et dans l'art du XIIe au XVIe siècle. — Analyse du livre de A. Nipus du beau et de l'amour, par J. Houdoy. *Paris, Lille,* 1876 ; gr. in-8, 182 p., pap. de Holl., br.

Avec un envoi d'auteur.

103. Etudes artistiques : artistes inconnus des XIVe, XVe et XVIe siècles ; — académie des arts de Lille ; — Ch. Louis Corbet, sculpteur, par Jules Houdoy. *Paris ;* gr. in-8, 142 p., br.

Exemplaire sur papier de Hollande avec un envoi d'auteur.

104. Les Sept Sacrements, d'après Nicolas Poussin, accompagnés d'une notice historique sur la vie et les œuvres de Poussin et l'explication des sept tableaux de ce grand maître, par A. Jacquemart. *Paris, Victor Texier,* 1843 ; 1 vol. gr. in-4, cart., 20 p. de texte, 7 planches.

105. Collection de lettres de Nicolas Poussin. *Paris, Firmin Didot,* 1824 ; in-8, 384 p., br.

106. Histoire de la peinture italienne, depuis Prométhée jusqu'à nos jours, par E.-T. Huard (de l'île Bourbon). *Paris, Delaunay,* 1834 ; in-8, br., 301 p.

107. Société libre des beaux-arts. *Paris,* 1830-1840; 5 vol. in-8, demi-rel. bas., dos orné.

Ces 5 vol. comprennent :
1° 1830-1835 : recueil des comptes rendus des travaux de la Société et précis des séances publiques tenues à l'Hôtel-de-Ville;
2° 1836-1840 : annales de la Société publiées et mises en ordre par M. Miel.

108. Le songe, ou la conversation à laquelle on ne s'attend pas, scène critique (la scène est au sallon de 1783). *A Rome* (s. d.); in-8, br., 35 p.

109. Essai sur les beaux-arts et particulièrement sur le salon de 1817, ou examen critique des principaux ouvrages d'art exposés dans le cours de cette année, avec trente-huit gravures au trait, par E. F. A. M. Miel. *Paris, Didot le Jeune,* 1817 et 1818 ; 1 vol. in-8, demi-rel. bas.

110. Salons de Th. Toré, 1844, 1845, 1846, 1847, 1848, avec une préface par W. Burger. *Paris,* 1868 ; 1 vol. — Salons de W. Burger, de 1861 à 1868, avec une préface par F. Thoré. *Paris,* 1870 ; 2 vol. in-12, br., portr.

111. Exposition en faveur de l'œuvre des Alsaciens et Lorrains demeurés français, par Albert Jacquemart. *Paris, J. Claye,* 1864 ; broch. gr. in-8 de 41 p. (Extrait de la Gazette des Beaux-Arts).

112. Etudes critiques sur l'administration des beaux-arts en France, de 1860 à 1870, par Emile Galichon. *Paris,* 1871 ; in-8, 330 p., br.

Avec un envoi d'auteur.

113. Histoire des peintres de toutes les écoles depuis la Renaissance jusqu'à nos jours, texte par M. Charles Blanc, illustrations par les plus habiles artistes dessinateurs et graveurs. *Paris, Renouard,* ; très grand in-4 en livraisons.

Nous avons les 150 premières livraisons publiées qui forment trois volumes.

114. L'œuvre et la vie de Michel-Ange, dessinateur,

sculpteur, peintre, architecte et poète, par Ch. Blanc, Eug. Guillaume, Paul Mantz, Ch. Garnier, Mézières, Anatole de Montaiglon, Georges Duplessis et Louis Gonse. *Paris, Gazette des Beaux-Arts*, 1876 ; gr. in-8, 340 p., portr., nombreuses vignettes et planches gravées.

115. Prudhon : sa vie et sa correspondance par Charles Clément. *Paris, Didier*, 1872 ; un vol. gr. in-8, papier vélin, br. 30 gravures ou lithogr.

116. Raffet, son œuvre lithographique et ses eaux-fortes, suivi de la bibliographie complète des ouvrages illustrés de vignettes, d'après ses dessins, par H. Giacomelli; orné d'eaux-fortes inédites, par Raffet, et de son portrait par M. J. Bracquemond. *Paris*, 1862 ; in-8, 340 p., br.

117. Catalogue de l'œuvre gravé et lithographié de R. P. Bonington, par Aglaüs Bouvenne, avec un portrait gravé par A. Delauney. *Paris*, 1873 ; in-8, 32 p., pap. de Holl., br.

Avec un envoi d'auteur.

118. Exposition de l'œuvre de Corot à l'école nationale des Beaux-Arts, notice biographique par Ph. Burty. *Paris*, 1875 ; in-8, br., avec deux port.

119. G. Courbet et son œuvre, par Camille Lemonnier. — Gustave Courbet à la tour de Seilz (lettre du docteur Paul Collin), avec un portrait et cinq eaux-fortes par P. Collin, Ch. Courtry, M. Desboutin, Trimolet et Waltner. *Paris, A. Lemerre*, 1868 ; in-8, 98 p., br., port.

120. Journal de Rosalba Carriera, pendant son séjour à Paris en 1720 et 1721, publié en italien, par Vianelli, traduit, annoté et augmenté d'une biographie et de documents inédits sur les artistes et les amateurs du temps, par Alf. Sensier. *Paris, Techener*, 1865 ; 1 vol. petit in-8, br., papier vergé dit de Hollande.

121. Le pour et le contre (extrait de la Gazette des Beaux-Arts). — Sur la contrefaçon (extrait de l'Art). — Critique des causeries sur l'art et la curiosité, 1875, 1876, 1878; 3 br. par Edmond Bonnaffé, dont 2 in-4 et 1 in-8.

Avec deux envois d'auteur.

122. L'extrême Orient au Palais de l'Industrie, notices sur les collections de M. H. Cernuschi, par Albert Jacquemart. *Paris,* 1863; gr. in-8 de 68 pages, br. *(Extr. de la Gazette des Beaux-Arts).*

Comprenant : les bronzes chinois et japonais et une étude sur la céramique orientale.

123. Le Salon, année 1865; cinquante tableaux et sculptures, dessinés par les artistes exposants, gravés par M. Boetzel. *Paris,* 1865; 1 album de 50 pl. br.

Avec un envoi d'auteur.

124. Exposition de 1865. Catalogue du musée rétrospectif. *Paris,* 1867; gr. in-8 de 560 p., demi-rel., dos et coins de maroq. brun.

Avec un envoi d'auteur (M. Guichard président de l'*Union centrale des arts appliqués à l'industrie*).

125. Histoire sommaire de l'Union centrale des Beaux-Arts appliqués à l'industrie, suivie des rapports du jury de l'exposition de 1865. *Paris, Union centrale,* 1866; gr. in-8, 500 p., br.

126. Histoire sommaire de l'union centrale des Beaux-Arts appliqués à l'industrie, suivie des rapports du jury de l'exposition de 1865. *Paris,* 1866; gr. in-8 de 502 p., br.

127. Les merveilles de l'art et de l'industrie, antiquité, moyen âge, renaissance, par Jules Menard. *Paris,* 1869; gr. in-4 en feuilles, figures en bois et sur métal.

128. Souvenir de l'exposition de M. Dutuit (extrait

de sa collection) à l'exposition du Palais de l'Industrie. *Paris,* 1869; gr. in-4, br. sur papier de Holl., 107 p. de texte et 35 pl.

129. Les artistes normands au salon de 1874, par A.-R. de Liesville. *Paris,* 1874; petit in-8, 79 p., pap. vergé, br.

130. Rapports de la Commission supérieure (de la France) à l'exposition universelle de Vienne en 1873. *Paris, Imprimerie nationale,* 1875; 5 vol. gr. in-8, pap. vélin, cart. en toile avec la liste des récompenses.

131. Rapports sur les beaux-arts à l'exposition universelle de Vienne, 1873 (section française), par Maurice Cottier. *Paris, Imprimerie nationale,* 1875; gr. in-8, br. (envoi d'auteur).

132. Catalogue des produits industriels et des manufactures nationales de France à l'Exposition universelle à Vienne. *Paris,* 2 vol. petit in-8, cart. en toile.

133. L'art ancien et l'art moderne à l'exposition universelle de 1878, publié sous la direction de M. Louis Gonse. *Paris, Quantin,* 1879; 2 vol gr. in-8, br.

Fig. sur bois et eaux-fortes hors texte.

134. Les chefs-d'œuvre d'art à l'exposition universelle de 1878, sous la direction de M. Emile Bergerat. *Paris, Ludovic Bachet,* 1878; in-fol. en feuilles dans un carton.

Publication artistique contenant de nombreux croquis, gravés sur bois, imprimés dans le texte et des photogravures de la maison Goupil. — Exempl. sur papier du Japon.

135. Essai sur l'origine de la gravure en bois et en taille-douce, et sur la connaissance des estampes des XVe et XVIe siècles, suivi de recherches sur l'origine du papier de coton et de lin; sur la calligraphie, depuis les plus anciens temps jusqu'à nos jours, etc. *Paris,* 1808; 2 vol. in-8, br.

136. Traité de la gravure à l'eau-forte, texte et planches par Maxime Lalanne. *Paris, Cadart et Luquet*, gr. in-8, 101 p., 8 pl. gravées.

Avec un envoi d'auteur.

137. La gravure à l'eau-forte, essai historique, par Raoul de Saint-Arroman. — Comment je devins graveur à l'eau-forte, par le comte Lepic. *Paris, veuve Cadart*, 1876 ; in-8, br., 120 p., port.

Avec un envoi d'auteur.

138. Notice des estampes exposées à la bibliothèque royale, formant un aperçu historique des produits de la gravure, avec des recherches sur l'origine, l'accroissement et la disposition méthodique du cabinet des estampes, par Duchesne aîné. *Paris*, 1837 ; in-8, 215 p., br.

139. Catalogue des eaux-fortes composées et gravées par les artistes eux-mêmes. *Paris, veuve Cadart*, 1876 ; br. in-12.

OUVRAGES SUR LA CÉRAMIQUE

140. The chinese Repository Canton : China, printed for the proprietors, de mai 1832 à décembre 1842 ; 11 vol. in-8, cart. toile.

Très curieux détails sur la porcelaine et sur la céramique chinoises.

141. Etudes céramiques, recherche des principes du beau dans l'architecture, l'art céramique et la forme en général, théorie de la coloration des reliefs, par J. Ziegler. *Paris*, 1850 ; 1 vol. in-8 de 348 p., demi-maroq. brun.

Avec un envoi d'auteur.

142. Histoire et fabrication de la porcelaine chinoise; ouvrage traduit du chinois, par M. Stanislas Julien, membre de l'Institut, accompagné de notes et d'annotations par M. Alphonse Salvétat, chimiste de la manufacture impériale de Sèvres, et augmenté d'un mémoire sur la porcelaine du Japon, traduit du japonais, par M. le docteur J. Hoffmann, professeur à Leyde. *Paris,* 1856; gd in-8 de 320 p., avec une carte de la Chine et XIV pl. gravées, demi-maroq. vert.

143. Catalogue descriptif et raisonné des porcelaines, grès, cérames, terres vernissées, laques, de la Chine, du Japon, de l'Inde et de la Perse, composant la collection de Madame Malinet, par Albert Jacquemart. *Paris, Renou,* 1862; in-8, br. de 94 p.

144. Notice sur les majoliques de l'ancienne collection Campana, par Albert Jacquemart. *Paris,* 1862; in-4 br. de 28 p., avec une pl. de J. Jacquemart.

145. A guide to the knowledge of Pottery, Porcelain, and other objects of vertu a comprising and illustrated catalogue of the Bernal collection of works of art, with the prices at which they were sold by auction, and the names of the present possessors, to which are added an introductory assay ou Pottery and Porcelain and an engraved list of marks and monograms, by Henry G. Bohn. *London,* 1862; 1 vol. in-12, 504 p., pl. et monogrammes, cart.

146. Recherches sur les manufactures lilloises de porcelaine et de faience, par Jules Houdoy. Lille, 1863; in-8, 89 p., br.

147. La faïence, les faïenciers et les émailleurs de Nevers, par L. Du Broc de Segange. *Publication de la Société Nivernaise,* 1863; gd in-4, 303 p., XXI pl., demi-rel. maroq. brun.

148. Les poteries du Midi de la France, étude à

propos d'un livre publié par M. J. C. Davillier, par Albert Jacquemart. *Paris, J. Claye,* 1863 ; gd in-8, de 38 p. br. (extrait de la gazette des beaux-arts).

149. Recherches sur la céramique, suivies de marques et monogrammes des différentes fabriques, par Jules Greslou. *Chartres,* 1863 ; in-12, 279 p., avec vignettes coloriées, br.

Exempl. sur papier vergé avec un envoi d'auteur, ouvrage épuisé.

150. Marks and Monograms on Pottery and Porcelain, with short historical notices of each manufactory, and an introductory essay on the vasa fictilia of england, by W. Chaffers, Fr. S. A. *London, J. Davy et Sons,* 1863 ; in-8, 256 p., avec nomb. vignettes. cart. anglais.

151. Les terres émaillées de Bernard Palissy, inventeur des rustiques figulines ; — étude sur les travaux du maître et de ses continuateurs suivie du catalogue de leur œuvre, par A. Tainturier. *Paris,* 1863 ; in-8 br. de 136 p., avec planches et gravures dans le texte, plus une lettre autographe de l'auteur.

152. Recherches historiques sur les faïences de Sinceny, Rouy et Ognes, par le Dr A. Warmont (de Padoue). *Chauny et Paris,* 1864 ; in-8, de 70 p., fig. et pl., br.

Exempl. sur papier de Holl., avec un envoi de l'auteur.

153. L'art de terre chez les Poitevins, suivi d'une étude sur l'ancienneté de la fabrication du verre en Poitou, par Benjamin Fillon. *Niort, Clouzet,* 1864 ; nombreuses vignettes, 5 planches et 213 p. de texte.—Coup d'œil sur l'ensemble des produits de la céramique Poitevine, suivi de recherches sur les verriers et faïenciers italiens établis dans l'ouest de la France aux XVe, XVIIe et XVIIIe siècles, par le même. *Fontenay-le-Comte,* 1865 ; vignettes, et 36

p. de texte, ensemble en un vol. gr. in-4, pap. de Holl., demi-rel. maroq. brun.

Exempl. avec un envoi d'auteur.

154. L'émail des peintres, par Claudius Paupelin. *Paris,* 1866 ; in-8, 208 p., nomb. vignettes, cart.

Exempl. sur papier de Hollande avec une lettre autographe de l'auteur.

155. Champfleury. Histoire des faïences patriotiques sous la révolution. *Paris, E. Dentu,* 1867 ; in-8, 404 p., vign. et pl., br.

156. Recherches sur les anciennes manufactures de porcelaine et de faïence (Alsace et Lorraine), par A. Tainturier, avec 55 monogrammes et gravures. *Strasbourg,* 1868; in-8, 95 p., br.

Avec un envoi d'auteur.

157. A History of Pottery and Porcelain, medicœval and modern, by Joseph Marryat. *London, John Murray,* 1868 ; 1 vol. in-8, 549 p., fig. et pl., cart. anglais.

Avec un envoi d'auteur.

158. Histoire de la céramique lilloise, précédée de documents inédits constatant la fabrication de carreaux peints et émaillés en Flandre et en Artois au XIVe siècle, par J. Houdoy. *Paris,* 1869 ; gr. in-8 br., fig.

Exempl. sur papier de Holl., avec un envoi d'auteur.

159. Recherches sur la céramique, aperçu chronoloque et historique avec marques, monogrammes et planches photoglytiques d'après le procédé de la maison Goupil, par Alphonse Maze. *Paris,* 1870 ; gr. in-4 br., 188 p. de texte, XXIX pl.

160. Histoire de la faïence de Rouen par André Pottier, conservateur de la bibliothèque et du musée de Rouen.... — *Rouen,* 1870 ; gr. in-4, papier vergé, br.

Belle publication accompagnée d'un album de soixante planches imprimées en couleur et d'un portr. de l'auteur gravé à l'eau-forte.

161. Céramique Révolutionnaire. — L'assiette dite à la guillotine, par Gustave Gouellain, avec une pl. en couleur. *Paris, Jouaust,* 1872; in-4, 44 p., br.

Avec un envoi d'auteur; opuscule tiré à petit nombre.

162. Marks and Monograms on Pottery and Porcelain of the renaissance and modern periods; with historical notices of each Manufactory; preceded by an introductory essay on the vasa fictilla of england, of the Romanobristish and mediœval eras; by William Chaffers. *London,* 1872 ; gr. in-8, de 777 p., vignettes et monogrammes, cart., toile angl.

163. Etude céramique sur une vue du port de Rouen, d'après une plaque de faïence de la collection de M. le baron de Gérycke, par Gustave Gouellain, avec une gravure à l'eau-forte de E. Le Fèvre et des signatures dans le texte. *Rouen,* 1872; in-4, 33 p., sur pap. de Holl., br.

164. Catalogue of the Maiolica hispano-moresco, Persian, Damascus, and Rhodian Wares, in the south Kensington museum, with historical notices, Marks, et Monograms, by Drury E. Fortnum, F. S. A. *London,* 1873; gr. in-8, 700 p., frontisp., nombreuses pl., vignettes et monogr., demi-rel. angl. chagrin.

165. History of the ceramic art. A descriptive and philosophical study of the pottery of all ages and all nations, by Albert Jacquemart, containing 200 woodcuts by h. catenacci and Jules Jacquemart, 12 engrawings in aquafortis by Jules Jacquemart, and 1000 marks and monograms, translated by Mrs. Bury Palliser. *London,* Sampson Low, Marston, Low. and Searle, crown Buildings, 188, fleet street, 1873; 1 vol. gr. in-8, de 627 p., cart. angl., tr. dor.

166. Notes on Japanese art, by George Ashown

Audsley, architect. Liverpool ; illustraded by specimens of Japanese art, from the collection of James L. Bowss, esq. *Liverpool,* 1874 ; in-4, demi-maroq. *(Rel. ang.).*

Avec un envoi d'auteur ; *Printed for privati circulation.*

167. The china collectors, Pochet companion, by mrs. Bury Pallison. *London,* 1874 ; in-12, 142 p., cart., nombreux monogrammes.

168. Keramic art of Japan by George Ashown Audsley and James lord Bowes. *Liverpool et London,* 1875 ; in-fol. sur papier fort, 4 pages texte et 6 planches (incomplet).

169. Rapport à M. Le Ministre par M. Duc, membre de l'Institut, au nom de la commission de perfectionnement de la manufacture nationale de Sèvres, (avec la collaboration de M. Albert Jacquemart). *Paris, imp. nationale,* 1875 ; gr. in-4, 67 p., br.

170. Descriptive catalogue of art works in Japanese Lacquer forming the Fird Division of the possession of James L. Bowes, esq. Liverpool, by George Ashdown Audsley, architect. *Printed for private circulation at the chiswick press.* 1765 ; in-4, pap. de Holl., de 95 p.

Avec un envoi d'auteur.

171. Les merveilles de la céramique ou l'art de façonner et décorer les vases en terre cuite, faïence, grès et porcelaine depuis les temps antiques jusqu'à nos jours, par A. Jacquemart (deuxième partie: *Occident.* vign. de Jacquemart). *Paris, Hachette,* 1877 ; in-12, br.

172. Recherches historiques sur les manufactures de faïence et de porcelaine de l'arrondissement de Valenciennes, par le Dr Alfred Lejeal. *Valenciennes,* 1878 ; papier vélin, gr. in-8, 140 p. et pl.

173. Chefs-d'œuvre des arts industriels, par Philippe

Burty (céramique, — verrerie, et vitraux — émaux, — métaux, — orfèvrerie et bijouterie, — tapisserie). *Paris,* gr. in-8, demi-maroq. brun, deux cents grav. sur bois.

174. Céramique en général ; porcelaines de la Chine et du Japon ; faïences, musées, etc., 40 brochures par divers auteurs.

175. Faïences françaises : de Rouen, de Limoges, de Sinceny, de Lyon, de Marseille, etc. ; l'art de restaurer les faïences par Thiaucourt, etc. ; ensemble 15 br. in-8.

OUVRAGES ILLUSTRÉS

PAR

JULES JACQUEMART

176. Collection d'objets d'art de M. le duc de Morny, par Albert Jacquemart. *Paris, J. Claye,* 1863 ; gr. in-8 de 53 p. vignettes dans le texte (extrait de la *Gazette des beaux-arts*).

177. Un mobilier historique des XVIIe et XVIIIe siècles, par P.-L. Jacob (bibliophile). *Paris,* 1865 ; gr. in-8 sur pap. de Holl., cart., frontispice et 10 pl. dont 2 par Jules Jacquemart.

Tiré à cinquante exemplaires. Celui-ci porte le numéro 14. Signé L. Double.

178. Histoire du mobilier par Albert Jacquemart avec une préface de M. Barbet de Jouy. *Paris, Hachette,* 1876 ; gr. in-8, br. ; nombreuses vignettes et illustrations par Jules Jacquemart.

179. A history of furniture translated from the French of Albert Jacquemart, édited of Albert Jacquemart,

édited by Mrs Bury Palliser. *London,* 1878 ; 1 vol. gr. in-8, cart. en toile, non rogné.

Nombreuses figures en bois dans le texte.

180. Promenade à travers deux siècles et quatorze salons par Lucien Double. *Paris*, 1878 ; gr. in-8, br., papier vergé.

Exemplaire offert par M. Léopold Double enrichi de son portrait, de figures avant la lettre, etc.

181. The medallic history of the united States of America (1776-1876) by J.-F. Loubat. *New-York, published by the auctor ;* 2 vol. gr. in-4, l'un de LXIX et 478 pages de texte et l'autre de 86 pl. gravées par Jules Jacquemart, cartonnés.

Superbe publication ; les dix-sept premières médailles sont consacrées aux principaux personnages de la guerre de l'Indépendance, les vingt-cinq suivantes à celle de 1812. L'exécution des planches est d'un fini et d'une délicatesse surprenantes, Jules Jacquemart a obtenu des effets qui semblaient impossibles à rendre dans ce genre de travail.

182. Histoire artistique, industrielle et commerciale de la porcelaine, par Albert Jacquemart et Edmond le Blant, enrichie de 26 planches dessinées et gravées à l'eau-forte par Jules Jacquemart. *Paris, J. Techener,* 1862 ; 3 part. formant 1 vol. in-fol. de 690 pages, demi-rel. mar., tr. dor.

Très belle publication, imprimée à Lyon par Louis Perrin.

183. Lettres de Marie de Rabutin-Chantal, marquise de Sévigné, à sa fille et à ses amis ; édition revue et publiée par M. Silvestre de Sacy, de l'Académie française. *Paris, J. Techener,* 1862-64 ; 11 vol. pet. in-8, deux portr. gravés à l'eau-forte par Jacquemart, d.-rel.

Tous les fleurons et en-tête de page ont été gravés sur les dessins de Jules Jacquemart. Edition avec notes historiques, philologiques, littéraires et éclaircissements nécessaires à la lecture des lettres de Mme de Sévigné, mais dépourvue des commentaires et des documents indispensables aux *Mémoires sur l'histoire de France* et aux ouvrages composés pour servir à l'histoire du règne de Louis XIV.

184. Mémoires de Edouard lord Herbert de Cherbury, ambassadeur en France, sous Louis XIII, traduits pour la première fois en français, par le

comte de Baillon. *Paris, J. Techener;* pet. in-4, pap. de Holl., br.

Volume dont un petit nombre d'exemplaires seulement a été mis en vente, orné de neuf figures gravées à l'eau-forte par Jules Jacquemart, parmi lesquelles on remarque une vue de la tour de Nesle, à Paris, l'ancienne galerie du Louvre, l'hôtel du duc de Luynes, les Tuileries, les châteaux de Mello, de Chantilly, etc.

185. La noble et furieuse Chasse du loup composée par Robert Monthois en faveur de ceux qui sont portez à ce royal deduict, suivant l'édition de 1642. *Paris, L. Techener,* 1865; pet. in-8, pap. vergé, avec une eau-forte de Jules Jacquemart, br.

Introduction de M. le baron J. Pichon, et tirée à 100 exemplaires.

LIVRES A FIGURES

186. Album religieux contenant les sept sacrements, d'après Nicolas Poussin, et cinquante-deux vign. gr. en taille-douce, avec une notice historique sur la vie et les œuvres de Poussin et l'explication des sept tableaux de ce grand maître, par A. Jacquemart. *Paris,* 1843 ; gr. in-4, demi-rel., bas. rouge.

187. Paris moderne : choix de décorations intérieures et extérieures, etc. ; dessiné et gravé par L. Normand. *Paris,* 1857 ; 4e partie contenant 70 pl. in-fol. en feuilles.

188. Atlas de la monographie de la cathédrale de Bourges ; gr. in-fol., 36 planches.

189. Monuments modernes de la Perse, mesurés, dessinés et décrits par Pascal Coste, architecte ; publiés par ordre du ministre des Beaux-Arts. *Paris, Morel,* 1867; in-fol. orné de 71 planches, dont plusieurs coloriées, dans un carton.

Très belle publication.

190. Monuments inédits d'antiquité figurée, grecque, étrusque et romaine, par Raoul-Rochette. *Imprimé avec l'autorisation du roi à l'Imprimerie royale*, 1829 à 1833 ; 1 vol. gr. in-fol., d.-rel., mar. doré, en-tête non rogné.

Ce magnifique ouvrage, d'une exécution splendide, est accompagné de CENT planches.

191. The beauties of Stow : or a description of the pleasant seat and noble Gardens, of the right honourable Lord Viscount Cobham; by George Bickham. *London*, 1750 ; in-12, v. gr. fil.

Trente eaux-fortes curieuses ; volume rare.

192. Nouveau Voyage d'Italie, avec un mémoire contenant des avis utiles à ceux qui voudront faire le mesme voyage (trad. de l'angl. de Maximilien Misson, par Fr. Deseine). *A la Haye*, 1702 ; 4 vol. in-12, v. f. fil.

Ouvrage rempli de notes intéressantes pour l'histoire artistique et littéraire de l'archéologie, enrichi de QUATRE-VINGT-UNE figures. Le quatrième volume est intitulé : *Remarques sur divers endroits de l'Italie, par Addisson*, 1722.

193. Description (pittoresque) des beautés de Gênes. 1773; pet. in-8 avec 13 planches vél. — Le voyageur dans les Pays-Bas-Unis. *Amsterd.*, 1815 ; in-12 demi-rel., avec 22 planches.

194. Das malerische und romantische Rheinland, von Karl Simrock. *Leipzig*, 2 vol. gr. in-8, d.-rel.

Avec soixante planches gravées sur acier par H. Winkles.

195. Vues pittoresques de l'Italie, dessinées d'après nature, par Coignet, et lithogr., par Allaux, Richebois, Deroy, Gué, Jacottet, Joly, Mongin, Sabatier, Tirepenne, Villeneuve, etc. *Paris*, 1826 ; in-fol. de 60 planches, demi-rel., veau vert.

196. Nova racolta degl'obelischi et colonne antiche dell alma citta di Roma con le sue dichiaratione datte in luce da Gio. Jacomo Rossi, alla pace Roma; in-4, vélin.

Recueil de DIX-HUIT planches finement gravées à l'eau-forte par divers artistes, quelques-uns français résidant alors à Rome, et publiées par Rossi. La première est le frontispice où se trouvent gravées les armes et la dédicace au cardinal Colonna. Le volume est très bien conservé et interfolié de feuillets de papier blanc, le tout réglé.

197. Chez Victor Hugo par un passant, avec 12 eaux-fortes, par Maxime Lalanne. *Paris,* 1864; in-8, br. de 68 p., pap. fort, pl.

198. La garde à cheval pendant le siège de Paris; souvenirs de la Légion recueillis par Louis Leclerc. *Paris,* 1871; gr. in-8, br.

Vignettes par H. Lalaisse, R. Goulie et Edm. Morin. — Envoi de l'auteur.

199. Les Collections célèbres d'œuvres d'art dessinées et gravées d'après les originaux par Edouard Lièvre, textes historiques et descriptifs par F. de Saulcy, Ad. de Longpérier, de l'Institut, comte Melchior de Vogüé, comte Clément de Ris, Edouard de Beaumont, Ernest Chesneau, Barbet de Jouy, Edouard Fournier, Ph. Burty et autres. *Paris, Goupil,* 1866; 1 vol. gr. in-fol. d.-rel. dos et coins de mar., tête dor., non rog.

Belle publication sur papier vergé, avec 100 planches.

200. Le musée universel par Edouard Lièvre, avec le concours des artistes et des écrivains les plus distingués. *Paris, Goupil et Cie,* 1868; gr. in-4 en livraisons, belles eaux-fortes.

Exempl. sur papier de Hollande offert à M. Jules Jacquemart par M. Edouard Lièvre.

201. Les arts décoratifs à toutes les époques, par Edouard Lièvre. *Paris,* 1870; 1 vol. gr. in-fol. (en feuilles) composé de XLII pl. avec couverture, faux-titre, titre, introduction et index pour le classement (tome premier), dans un carton avec un envoi d'auteur.

202. Works of art in the collections of England, drawn by Edouard Lièvre, and engraved by Bracquemond, Courtry, Flameng, Greux, Le Rat, Lhermitte, J. Lièvre, Muzelle, Rajon, Remdall and

Valentin. *London, Hollays and Son,* gr. in-fol., pap. vergé en feuilles; cinquante planches.

203. Monographie des Kaiserlichen Lustschlosses Laxenburg auf allerhöchsten Befehl seiner majestät des Kaisers unter leitung des K. K. Oberstkämmerers Franz Grafen Folliot de Grenneville, herausgegeben von quirin Ritter von Leitner. *Wien, Druck, von Adolf Holzausen,* 1878; en 1 vol. gr. in-fol., br.

Magnifique publication enrichie de figures en taille-douce et d'eaux-fortes de grande dimension.

204. Musée religieux ou choix des plus beaux tableaux inspirés par l'histoire sainte aux peintres les plus célèbres, gravés à l'eau-forte sur acier, par Réveil. *Paris,* 1836; 4 vol. in-12, ornés de 300 planches, demi-rel. veau, non rogn.

205. Musée du Louvre : 250 planches gravées par les soins du comte de Clarac des sculptures, monuments antiques, salles et appartements, etc., gr. in-4 en feuilles.

206. Oriental album by E. Prisse; 22 planches gr. in-fol. de costumes, modes et usages, etc.

207. Promenades pittoresques dans Constantinople et sur les rives du Bosphore, par Ch. Pertusier. *Paris,* 1817; 25 planches avec texte; 1 vol. gr. in-fol., demi-rel.

208. Michel Angelo; figure del giudizio universale. *Roma,* 1808; gr. in-fol. br.

Seize planches gravées par Martino Metz d'après le *Jugement dernier* de Michel Ange.

209. Holbein. Historiarum veteris Testamenti icones. *Lugduni sub scuto Coloniensi,* 1543; in-4 vél., taches et déchirures. Volume rare.

210. Costumes. Cleri totius Romanæ ecclesiæ sub-

jecti..... *Francofurti, S. Feyrabendii,* 1585; in-4 v., br.

Bel exemplaire de ce recueil intéressant de costumes ecclésiastiques contenant 102 figures gravées sur bois par JOST AMMAN.

211. SALVATOR ROSA. Recueil d'estampes. *Paris, chez de Poilly,* (s. d.); in-4, veau.

Edition originale très rare, d'un recueil de soixante planches à l'eau-forte d'une remarquable exécution. — Salvator Rosa né près Naples en 1615, mort à Rome en 1673.

212. Emblèmes d'Alciat, transl. en franç. (par Barth. Aneau). *Lyon, Roville,* 1549; in-8, demi-rel., v. fauve.

Exemplaire de Jamet le jeune avec sa signature et quelques notes de sa main, il a ensuite plus récemment appartenu à M. de Mommerqué. Chaque emblème est représenté par une figure à chaque page, le texte est imprimé dans un encadrement composé d'ornements variés.

213. Pauli Maccii emblemata. *Corio fecit* (*Bononiæ,* 1628); in-4 vél. — Quatre-vingts figures gravées sur cuivre, bel exemplaire.

214. Quinti Horatii Flacci emblemata imaginibus in œs incisis, notis'q illustrata. Studio Othonis Vœni. *Antuerpiœ,* 1612; in-4 v., br. Port., 102 fig.

Exempl. complété avec un autre mais *collationné complet.*

215. Discorso del S. Guglielmo Choul gentilhuomo Lionese. (*Venetia*), 1558; petit in-8 rel.—Figures sur bois.

216. L'alphabet de la mort de Hans Holbein. publ. par Anatole de Montaiglon. *Paris, Tross,* 1856; gr. in-8, cart. en toile, non rogné.

Chaque page est entourée de bordures du seizième siècle; avec d'anciens poëmes français sur le sujet des trois morts et des trois vifs; papier vergé. Jolie publication.

217. Alphabet album, ou collection de 60 feuilles d'alphabets historiés et fleuronnés, tirés des plus beaux manuscrits de l'Europe, des documents les plus rares, ou composés par J.-B. Silvestre, professeur de calligraphie des princes d'Orléans. 1843-44, in-fol., demi-rel.

218. La France au XIXe siècle, illustrée dans ses monuments et ses plus beaux sites, dessinés, d'après nature, par Thomas Allom, avec un texte descriptif, par Charles-Jean Delille, professeur. *Paris et Londres* (s. d.); in-4, rel. angl., avec ornements dor., tr. dor.

219. Les beautés de lord Byron, galerie de quinze tableaux tirés de ses œuvres, accompagnée d'un texte traduit par Amédée Pichot. *Paris, Aubert,* 1839; gr. in-4, reliure en peau de maroquin-album.

Edition originale. Les épreuves de ces quinze planches, si finement gravées sur acier, sont avant la lettre.

220. Bibiena. Architettura civile. *Parma,* 1721; gr. in-fol., v., reliure fatiguée.

Ce volume contient 66 planches gravées à l'eau-forte, plus le portrait de l'auteur.

221. Traité de la composition et de l'ornement des jardins, par M. Boitard. *Paris,* 1825; in-4 obl., demi-v. f., fil., 96 pl. gr. d'après les dessins de M. Aug. Ganerey.

222. Description du manège moderne dans sa perfection (l'art de former des cavaliers et des chevaux), par le baron d'Eisenberg. *Paris,* 1727; gr. in-fol., rel.

Edition originale, contenant 60 planches gravées par Bern. Picart. Il manque à cet exempl. la planche 3.

BELLES-LETTRES

223. Alphabets orientaux anciens. (S. l. n. d.); 1 v. in-4, cart., composé de 25 grandes pl.

224. Grammaire mandarine, ou principes généraux

de la langue chinoise parlée, par M. A. Bazin. *Paris, imprimerie impériale,* 1856; in-8, 122 p., br. (nombreux monogrammes).

225. Grammaire des grammaires, ou analyse raisonnée des meilleurs traités sur la langue française, par C[es]-P[re] Girault-Duvivier. *Paris,* 1830; 2 vol. in-8, demi-rel., veau fauve.

226. Les amours mythologiques, traduits des métamorphoses d'Ovide, par de Pongerville. *Paris,* 1828; pet. in-12, 130 p., veau, tr. dor., frontisp., vig.

227. La partie de chasse, par Hercule Strozzi, poème dédié à la divine Lucrèce Borgia, duchesse de Ferrare, traduit du latin en vers français et précédé d'une notice par M. Joseph Lavallée. *Paris, L. Techener,* 1877; deux parties en un vol. petit in-8, papier de Hollande, tiré à petit nombre.

228. Un acrostiche historique du XIIIe siècle, — de Guersay et de Niceroles, poèmes du XIIIe siècle. — La mort Larguece et le dit de Chastie Musart, poèmes du XIIIe siècle; — publiés par Achile Jubinal. *Paris,* 1825; 3 broch. in-8.

229. Renart-le-Nouvel, roman satirique, composé au XIIIe siècle par Jacquemars Giélée de Lille, précédé d'une introduction historique et illustré d'un fac-simile d'après le manuscrit La Vallière de la bibliothèque nationale, par Jules Houdoy. *Paris,* 1874; gr. in-8, 212 p., br., ex. sur papier de Hollande, avec un envoi d'auteur.

230. La prenostication de maistre Albert Songecreux Bisscain; réimpression fac-simile d'après l'exemplaire unique, avec une préface par P.-L. Jacob (bibliophile). (S. l. n. d.); in-4, br., 8 p. de préface lettres rondes, 4 pages de texte lettres goth.

Exemplaire n° 31, au nom de M. A. Jacquemart; envoi de M. L. Double.

232. Contes de Lafontaine, nouvelle édition collationnée avec soin sur les meilleurs textes. Paris, E.-A. Lequien, 1824 ; 1 vol. in-8, br.

233. Fables, contes et épitres, par l'abbé Le Monnier. *Paris,* 1773 ; 1 vol. in-8, front. gravé d'après Cochin, v. m.

234. OEuvres choisies de Parny, précédées d'une notice historique sur sa vie. *Paris,* 1829 ; in-8, br., port.

235. OEuvres complètes de Gilbert, publiées pour la première fois avec les corrections de l'auteur et les variantes, accompagnées de notes littéraires et historiques. *Paris, Dalibon,* 1823 ; in-8, br., port.

236. La Couronne de Flore (poésies et figures). 1837. — The Young botanist. *New-York,* 1835 ; 2 vol., br.

237. Poésies posthumes de Edmond Roche, avec une notice par M. Victorien Sardou. *Paris,* 1863 ; in-12, br., eaux-fortes, hors texte.

238. Jean Caselli. Vita Tristis. — Chants populaires de l'Italie. 1865 ; ens. 2 vol. in-12, br.

239. Théophile Gautier. Emaux et camées. *Paris,* 1872 ; in-12, br.

Exemplaire imprimé sur papier de Chine, avec le nom de M. Jules Jacquemart.

240. Théophile Gautier. Emaux et camées, édition définitive ornée d'une eau-forte par J. Jacquemart. *Paris, Charpentier,* 1872 ; in-12, br.

241. Poèmes barbares, par Leconte de Lisle, édition définitive, revue et considérablement augmentée. *Paris,* 1872 ; 1 vol. gr. in-8, br.

242. Poésies : Chants du soldat, par Paul Deroulède, 2 vol. — Légendes d'aujourd'hui, par Achille Millien, etc. 5 vol. in-12, br.

243. La Lusiade de Louis Camoens, poème héroïque en dix chants, traduit du portugais, avec des notes et la vie de l'auteur, par La Harpe, de l'Académie française. *Paris,* 1820 ; in-8, demi-rel., v. f., port.

244. Le Goupillon, poème héroï-comique d'Antonio Diniz, trad. du portugais par J.-Fr. Boissonade, et précédé d'une notice sur l'auteur par Ferdinand Denis. *Paris,* 1867 ; 1 vol. petit in-8, br.

Un des 100 exemplaires tirés sur grand papier de Hollande.

245. OEuvres choisies de Pierre Corneille, 4 vol. — OEuvres choisies de T. Corneille. 1 vol. *Paris,* 1829. Ens. 5 vol. in-8, br.

246. OEuvres de Molière, avec une notice par M. L.-B. Picard. *Paris, P. Pourrat frères,* 1822 ; 6 vol. in-8, br.

247. OEuvres complètes de J. Racine, précédées de son éloge par La Harpe. *Paris,* 1830 ; 6 vol. in-8, br.

248. Théâtre complet de Al. Dumas fils. *Paris, Michel Lévy,* 1868 ; 6 vol. petit in-8, br.

Exemplaire sur grand papier de Hollande avec portrait avant la lettre et un envoi avec apostille autographe de l'auteur.

249. Blanche et bleue, ou les deux couleuvres-fées, roman chinois, traduit par Stanislas Julien. *Paris,* 1834 ; in-8, demi-bas.

250. Histoire de Manon Lescaut et du chevalier des Grieux, précédée d'une préface par Alexandre Dumas fils, de l'Académie française. *Paris, Glady frères,* 1875 ; gr. in-8, br.

Edition ornée d'un portrait de M. Alexandre Dumas fils, de figures de Léopold Flameng. — Exemplaire en grand papier avec les figures avant la lettre.

250 bis. Autre exemplaire sur papier ordinaire.

251. Les mousquetaires d'Alexandre Dumas. — Le théâtre d'Alexandre Dumas. Ens. 10 vol. in-12, br.

252. Affaire Clémenceau, mémoire de l'accusé, par Alexandre Dumas fils. *Paris,* 1867; gr. in-8, 353 p., br., sur papier de Holl.

Edition tirée à cent exemplaires. Exemplaire nº 4, avec un envoi de l'auteur.

253. Daniel de Foë. Etranges aventures de Robinson Crusoé, traduction de l'édition princeps (1719), avec une étude sur l'auteur par Battier. *Paris, J. Bonnassies,* 1877; 1 vol. in-8, front. et 7 planches, dessinées et gravées sur acier, par J. Fresquet, br.

Imprimé sur papier de Hollande.

254. Pas de lendemain (par Philippe Burty). *Paris, chez l'auteur,* 1869; petit in-8 de 34 p., br.

Opuscule tiré à petit nombre pour les amis de l'auteur (celui-ci porte l'envoi autographe à Jules Jacquemart). Eau-forte de Morin.

255. Romans modernes : Madame Bovary; une page d'amour; les petits cardinal de Ludovic Halevy, etc. Ens. 10 vol. in-12, br.

256. Lycée, ou cours de littérature ancienne et moderne, par J.-F. La Harpe. *Paris,* 1818; 16 vol. in-8, veau écaille, fil., dos orné.

257. OEuvres complètes de J.-J. Rousseau, avec les notes de tous les commentaires. Paris, Armand Aubrée, 1829; 17 vol. in-8, br., port.

258. OEuvres de Delille, précédées d'une notice sur sa vie et ses ouvrages, par M. P.-F. Tissot. *Paris, Furne,* 1832; 10 vol. in-8, br., avec la suite des vignettes, d'après les dessins de MM. Johannot.

259. OEuvres complètes de M. le vicomte de Chateaubriand. *Paris, Furne,* 1837; 25 vol. in-8, br., avec la suite des fig. de l'édition par Alfred et Tony Johannot.

260. OEuvres complètes de Casimir Delavigne, de l'Académie française. *Paris, H.-L. Delloye et veuve*

Lecou, 1836; 1 vol. gr. in-8, rel., v., tr. dor., port. et fig.

261. OEuvres complètes de Walter Scott, traduction française. *Paris,* 30 vol. in-8, br.

262. OEuvres de lord Byron, trad. de M. Amédée Pichot, précédées d'un essai sur la vie et le caractère de lord Byron, par le traducteur, et d'un discours préliminaire. *Paris, Furne,* 1835; 6 vol. in-8, demi-rel., demi-bas., port. et fig.

HISTOIRE

263. Nouveau atlas françois..... dédié a Monseigneur le comte de Toulouse par J. Chiquet, 1739; in-4, oblong. avec fig. de Perelle.

264. Univers pittoresque, histoire et description de tous les peuples, de leurs religions, mœurs, coutumes, industries, etc. *Paris, Firmin Didot frères,* 5 vol. (1 demi-rel. bas., 4 broch.) in-8, fig., savoir :

1° 1837. — Chine (première partie), description historique, géographique et littéraire, de ce vaste empire, d'après des documents chinois, par M. G. Gauthier ;

2° 1841. — La Perse, par Louis Duboux ;

3° 1850. — Japon, Indo-Chine, empire Birman (ou Ava), Siam, Annam (ou Cochinchine), péninsule Malaise, etc., Ceylan, par M. Dubois de Jancigny ;

4° 1853. — Chine moderne (seconde partie), arts, littérature, histoire naturelle, industrie, par M. Bazin.

5° 1855. — Inde, par M. Dubois de Jancigny, aide de camp du roi d'Oude, et par Xavier Raymond, attaché à l'ambassade de Chine.

266. Voyage du jeune Anacharsis en Grèce, vers le milieu du quatrième siècle, avant l'aire vulgaire,

par J. J. Barthelemy. *Paris, Rolland,* 1830; 7 vol. in-8, br.

267. Voyage pittoresque autour du monde, publié sous la direction de M. Dumont d'Urville, capitaine de vaisseau, accompagné de cartes et de nombreuses gravures en taille-douce sur acier, d'après les dessins de M. de Sainson, *Paris, L. Tenré,* 1834; 3 vol. gr. in-4, demi-bas.

Deux vol. pour le texte, 1 vol. pour les planches.

268. Voyage dans le nord de la Bolivie et dans les parties voisines du Pérou, ou visite au district aurifère de Tipuani, par H. A. Weddell. *Paris et Londres,* 1853; in-8, 500 p., 2 pl. et une carte géogr.

269. Voyage dans l'Amérique du sud, Pérou et Bolivie, par Ernest Grandidier, auditeur au conseil d'Etat. *Paris,* 1861; in-8, br., de 307 p.

270. Relation du voyage à la recherche de la Pérouse, par le citoyen Labillardière. *Paris, H.-J. Jansen;* 2 vol. gr. in-4, cart., non rognés.

271. Voyages: Java, Siam, Canton, Pékin, Yeddo par le comte de Beauvoir; voy. en Asie par Théodore Duret, une campagne en Kabylie; ensemble cinq volumes in-12 br.

272. Correspondance inédite de la comtesse de Sabran et du chevalier de Boufflers, 1778-1788, recueillie et publiée par E. de Magnieu et Henri Prat. *Paris,* 1875; gr. in-8, br. portr.

273. Les Historiettes de Tallemant des Réaux, édition revue sur le texte original et publiée par Paulin Paris et Monmerqué. *Paris, Techener,* 1862; 6 vol. in-12, d.-rel.

Jolie édition portative et SEULE complète de ces curieux mémoires biographiques et anecdotiques, renfermant beaucoup de particularités et de détails intimes qui ne se trouvent point ailleurs, relatifs à des personnes des règnes de Henri IV et Louis XIII.

274. Souvenirs de Charles-Henri baron de Gleichen, précédés d'une notice par Paul Grimblot. *Paris, L. Techener,* 1868 ; in-12, d.-rel., mar. rouge, tête dor. non rog.

Intéressants mémoires relatifs aux règnes de Louis XV, de Louis XVI, au ministère du duc de Choiseul, etc. (1737-1807).

275. Souvenirs de la maréchale princesse de Beauveau (Rohan-Chabot), suivis des mémoires du Maréchal, prince de Beauveau, recueillis et publiés par Madame Standish, (née Noailles). *Paris, L. Techener,* 1872 ; 1 vol. gr. in-8, avec 2 portraits gravés à l'eau-forte, br.

276. Jal. Souvenirs d'un homme de lettres (1795-1873). *Paris, L. Techener,* 1877 ; 1 vol. in-12 de 570 pages, demi-rel.

Curieuses anecdotes par l'auteur du *Dictionnaire de biographie et d'histoire* couronné par l'Académie française et de plusieurs ouvrages sur les arts, la peinture et l'archéologie.

277. Essais historiques et biographiques, par lord Macaulay, traduits par M. G. Guizot. *Paris,* 1860; 2 vol. in-8, demi-rel., mar. vert.

278. Un coin du tableau. Catalogue raisonné d'une collection d'ouvrages rares et curieux, anciens et modernes, détruite au palais du conseil d'État, du 23 au 24 mai 1871, précédé d'une relation de l'incendie du palais du conseil d'État ; d'une lettre de M. Edouard Fournier. *Paris,* 1872 ; in-8, br., de 70 p.

Avec un envoi de l'auteur, M. Patrice Salin.

279. La revanche de la France par le travail. — Histoire des corporations françaises d'arts et métiers, par J. P. Mazaroz. *Paris, Dentu,* 1874 ; tome 1er.

280. Les monuments de Paris, histoire de l'agriculture civile, politique et religieuse, sous le règne du Roi Louis-Philippe, par Félix Pigeory. *Paris,* 1847 ; gr. in-8, 692 p. (illustré de seize grav. sur acier), demi-rel. v.

281. Paris historique. Promenade dans les rues de Paris, par Charles Nodier, et Aug. Regnier et Champin, orné de 200 vues lithographiées, avec un résumé de l'histoire de Paris, par P. Christian. *Paris, Levrault,* 1838; 2 vol. — Etudes sur les révolutions de Paris, par P. Christian. *Paris, Bertrand,* 1839; 1 vol.; ensemble 3 vol. in-8, demi-rel., bas. bleue, dos orné, frontisp. et fig.

282. Description historique et graphique du Louvre et des Tuileries, par M. le comte de Clarac, conservateur des antiques du Louvre, publiée dans son musée de sculpture de 1826 à 1828, précédé d'une notice biographique sur l'auteur par M. Alfred Maury. *Paris, imprim. impériale,* 1853; gr. in-8, de 692 p., 24 pl.

283. Les funérailles célébrées à Paris, le 24 avril 1498, pour l'enterrement du corps du bon roy Charles huytième, avec son épitaphe et la piteuse complainte de Dame Chrestienté (réimpression annotée par M. Franklin sur le seul exemplaire connu de la bibliothèque Mazarine). *Paris, L. Techener,* 1874; petit in-8, br.

283 bis. La Procession de Soissons pour la délivrance des enfants de France en 1530; sur l'imprimé de Geofroy Tory, avec une préface de P. Lacroix. Réimpression tirée à 200 exemplaires, tous sur papier vergé et sur le seul exemplaire connu de la Bibliothèque de l'Arsenal. *Paris, L. Techener,* 1877; petit in-8.

284. L'église de Saint-Sulpice de Favières, par Patrice Salin. — Notice accompagnée de huit planches gravées à l'eau-forte et de six reproductions lithophographiques des inscriptions et des Pierres tombales. *Paris,* 1865; gr. in-8, br., de pages et pl. à l'eau-forte.

Avec un envoi d'auteur.

285. Essai d'une histoire de la paroisse de Saint-Jacques-de-la-Boucherie (par l'abbé Villain). *Paris,* 1758 ; in-12, avec planches, v. m. — Description des curiosités de l'église de Paris par l'abbé de Montjoie, 1763 ; in-12, 6 fig., v. m.

286. Voyage pittoresque de Paris ou indication de tout ce qu'il y a de plus beau dans cette ville en peinture, sculpture et architecture, par M. D*** (D'Argenville). *Paris,* 1752 ; in-12, v. m. — Voyage pittoresque des environs de Paris et description des maisons de plaisance et châteaux, etc., par D'Argenville ; 1779 ; in-12, fig.

287. Dictionnaire topographique des environs de Paris, jusqu'à 20 lieues de cette ville, par Charles Oudiette. *Paris,* 1821 ; in-8 carte, v. rac. — Nouvelle description des environs de Paris par Dulaure ; 1787 ; 2 vol. in-12, demi-rel.

288. Notice sur Chilly, — Mazarin, — le château, — l'église, — le village ; le maréchal d'Effiat, par M. Patrice Salin, accompagnée d'appendices, et de six eaux-fortes par Karl Fichot. *Paris,* 1867 ; gr. in-4, de 263 p., port., pl., br.

Avec un envoi d'auteur.

289. Poitou et Vendée. Etudes historiques et artistiques, par B. Fillon et O. de Rochebrune (extraits). *Fontenay-le-Comte et Niort,* 1862 ; gr. in-4, br. sur papier de Holl., fig. et planches.

290. Armes et objets divers, trouvés dans le lit de la rivière de Vendée, classés par ordre chronologique et décrits par Benjamin Fillon, eaux-fortes par Octave Rochebrune. *Fontenay-le-Comte,* 1865 ; gr. in-4, de 23 pages, avec deux planches, sur papier de Holl.

291. Joyeuse entrée d'Albert et d'Isabelle. — Lille au XVIe siècle d'après des documents inédits, par J. Houdoy. *Lille,* 1839 ; gr. in-8, 121 p., br.

Exempl. sur pap. de Holl., avec un envoi d'auteur.

292. La halle Echevinale de la ville de Lille, 1235-1664, notice historique, comptes et documents inédits concernant l'ancienne Maison-Commune, avec planches, par Jules Houdoy. *Lille,* 1870 ; gr. in-8, br., 112 p.

Exempl. sur papier de Hollande, avec un envoi d'auteur.

293. Les tapisseries de haute-lisse, histoire de la fabrication lilloise du XIVe au XVIIIe siècle, et documents inédits concernant l'histoire des tapisseries de Flandre, par Jules Houdoy. *Lille et Paris,* 1871 ; gr. in-8 de 155 p., broché, sur papier de Holl.

Avec un envoi d'auteur.

294. L'impôt sur le revenu au XVIe siècle : les états de Lille et le duc d'Albe, par J. Houdoy. *Lille,* 1872 ; gr. in-8, br.

Exemplaire sur papier vélin fort, avec un envoi d'auteur.

295. Chapitres de l'histoire de Lille : le livre Roisin, le privilège de non-confiscation, les comptes de la ville, titres et documents inédits, par J. Houdoy. *Lille,* 1872 ; gr. in-8, 159 p. br.

296. Tapisseries représentant la conqueste du royaulme de Thunes par l'empereur Charles-Quint, histoire et documents inédits, par J. Houdoy. *Lille,* 1873 ; gr. in-8, de 30 p., br.

Avec un envoi d'auteur.

297. Strasbourg : description de la cathédrale et de sa fameuse tour. 1733 ; 12 pl. — Cathédrale de Strasbourg en 1743 et 1785 ; ensemble 3 vol. in-12, reliés.

298. Essai historique et descriptif sur l'église et l'abbaye de Saint-Georges-de-Bocherville, près Rouen, par Achille Deville. *Rouen,* 1827 ; gr. in-4, orné de 12 planches lithog., br.

299. Voyage aux eaux des Pyrénées, par H. Taine. *Paris,* 1855 ; in-12, demi-rel.

Soixante-cinq vignettes dessinées sur bois par Gustave Doré.

300. Marseille ancienne et moderne par M. Guys. *Paris,* 1786 ; in-8, v. marb.

301. Histoire de l'institution de la Fête-Dieu, avec la vie des bienheureuses Julienne et Eve, qui en furent les premières promulgatrices, suivie de l'abrégé historique de l'institution des illustres confréries de l'adoration perpétuelle de l'auguste sacrement des autels et surtout de celle érigée dans l'insigne église primaire de Saint-Martin à Liège en 1765. *Liège,* 1846 ; in-4, demi-bas., front. et fig. (17 pl.).

302. La veillée des amoureux, scènes de la vie suisse, traduites de l'allemand avec six illustrations de M. Ad. Gandon. *Genève,* 1870 ; 2 vol. in-8, cart. avec fig., n. r.

303. De Genève à Suez, lettres écrites d'Orient, par Gustave Révilliod. *Genève,* 1870 ; gr. in-8, br. de 339 p.

304. Histoire pittoresque de l'Angleterre et de ses possessions dans les Indes, par le baron de Roujoux. *Paris,* 1834 ; 2 vol. gr. in-8, cart., non rog.

305. Le Rhin, par Victor Hugo. *Paris,* 1842 ; 2 vol. in-8, demi-rel. bas. viol.

306. La vie réelle en Chine, par le révérend William C. Milne, interprète du gouvernement anglais en Chine, traduite par André Tasset, avec une introduction et des notes par M. G. Pauthier. *Paris,* 1860 , in-12 br. de 470 p. et 2 grandes cartes à la fin du vol.

307. Souvenir de la campagne de Chine, par M. J.-L. de Negroni, capitaine démissionnaire, chevalier de la Légion d'honneur ; détails sur sa collection. *Paris,* 1864 ; gr. in-8, 228 p., br.

308. Revue germanique. *Strasbourg,* 1829 à 1837 ; 30 vol. in-8, br.

309. Les symboles des Egyptiens comparés à ceux des Hébreux, par Frédéric Portal. *Paris, veuve Dondey-Dupré,* 1840; gr. in-8 de 148 p., vignettes, br.

310. De la statue de Vénus Victrix, découverte dans l'île de Milo en 1820, et sur la statue antique connue sous le nom de l'Orateur, du Germanicus, et d'un personnage romain en Mercure, par M. le comte de Clarac, conservateur du musée royal des antiques. *Paris, P. Didot l'aîné,* 1821 ; in-4, br., 67 p., 2 planches.

311. Nalliers, — ses dépôts de cendres, — ses antiquités romano-gauloises, — ses seigneurs féodaux, — ses légendes,— son état actuel, par Benjamin et Clémentine Fillon. *Fontenay-le-Comte,* 1865 ; gr. in-4 de 28 p., br., une planche.

312. Description des monuments musulmans du cabinet de M. le duc de Blacas, par M. Reinaud. *Imprimerie royale,* 1820 ; 2 vol. in-8, demi-bas.

313. Nouveau traité de la science pratique du blason, avec l'explication des armoiries des princes, ducs et pairs, maréchaux de France, etc., enrichies de cartouches, supports et autres ornements, par S. Trudon, graveur. *Paris,* 1689 ; petit in-12, 327 p., frontisp. et planches, demi-rel. veau.

314. La nouvelle méthode raisonnée du blason, par le P. C. F. Menestrier, enrichie de figures en taille-douce. *Lyon,* 1761 ; in-12, 298 feuillets, veau anc.

315. Créations des chevaliers de l'ordre du Saint-Esprit, faits par Louis le Grand, ou armorial historique des chevaliers de l'ordre, par le sieur E. de la Pointe. *Paris,* 1689 ; in-4, veau anc., fatigué.

Première, chevaliers, 158 pl.
Deuxième, officiers, a-y, 22 pl.

316. Les monogrammes historiques d'après les mo-

numents originaux, par Aglaus Bovenne. *Paris,* 1870 ; in-12, br.

Exemplaire sur papier de Hollande avec envoi de l'auteur à J. Jacquemart.

317. Catalogo delle opere di Francesco Petrarca, essistenti nella Petrarchesca Rossettiana di Trieste, aggiuntavi l'iconographia della medesima per opera di Attilio Hortis civico bibliotecario. *Trieste,* 1874 ; in-4, 215 p., cart., port. et 3 pl.

Avec un envoi d'auteur.

318. Catalogues divers de bibliothèques, rédigés et publiés par Léon Techener. 10 vol. et brochures in-8.

Coubart, Labrouste, Levavasseur, Danyau, Audenet, Villafranca, etc.

319. Notice sur les types étrangers du spécimen de l'imprimerie royale. *Paris,* 1847 ; in-4, 65 p., cart.

Avec une lettre d'envoi provenant de la direction de l'Imprimerie nationale en 1851.

320. Bulletin du bibliophile et du bibliothécaire, publié par L. Techener. *Paris,* années 1875 et suivantes en livraisons.

321. Inventaire des autographes et des documents historiques composant la collection de M. Benjamin Fillon. *Paris,* 1879 ; 2 vol. in-4, br. Fac-simile de signatures.

Chartres. — Imprimerie Durand frères.

www.ingramcontent.com/pod-product-compliance
Ingram Content Group UK Ltd.
Pitfield, Milton Keynes, MK11 3LW, UK
UKHW021513260726
13993UKWH00004B/1644

9 782329 523743